This

Unicorn Activity Book

For Kids Belongs to...

___

z
z
z...

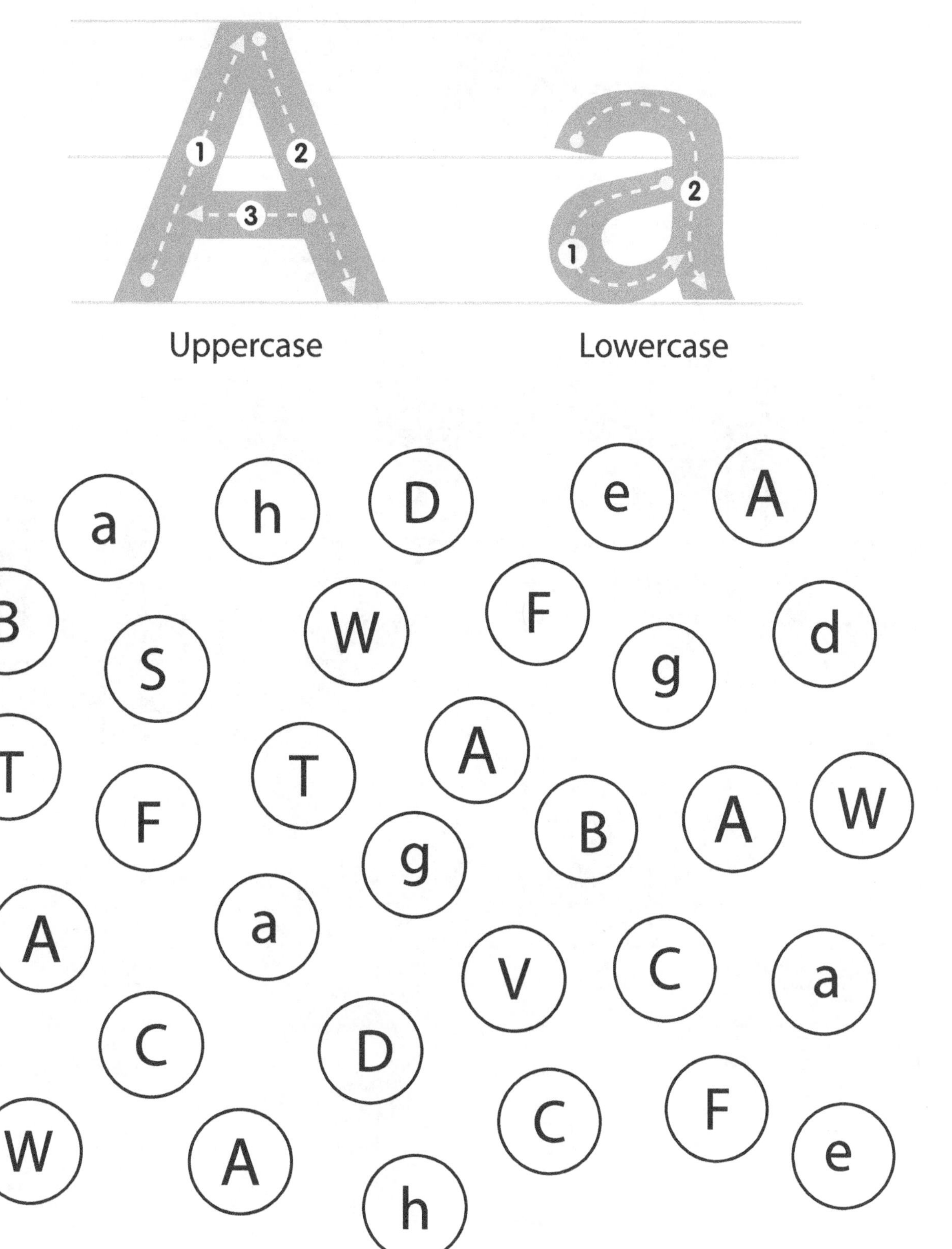
A
1
2
3
a
1
2
Uppercase
Lowercase
a h D e A
B S W F g d
T F T A g B A W
A a V C a
C D C F e
W A h

is for

A G E H H A E B I Q P A Q Y R

Y B S Q S R F Z Z J N L N R O

H Y T A E T D X X A P L L K Q

D W A P P L E D J N D I Y Q H

C D V E H M Q A M G L G W N K

N Z N O Y X S N U E P A T O B

Z A A Y X F R T G L R T V P Z

L X N J D D X A N C H O R S G

H E I X K A K C E T D R Z O P

B F M U A R R O W L W K Y U Y

I L A K D T E R G T E Z L B R

S G L E M P D N O A N A C E V

Y V S G E Z T Y A N H D T B J

T U B O D U P I T E V G X H P

B A C M H G Z U H P Y V K U I

WORDS TO FIND

ANT	ACORN	ANGEL
APPLE	APE	ANCHOR
ARROW	ALLIGATOR	ART
AXE	ACE	ANIMALS

MAZE SOLUTION

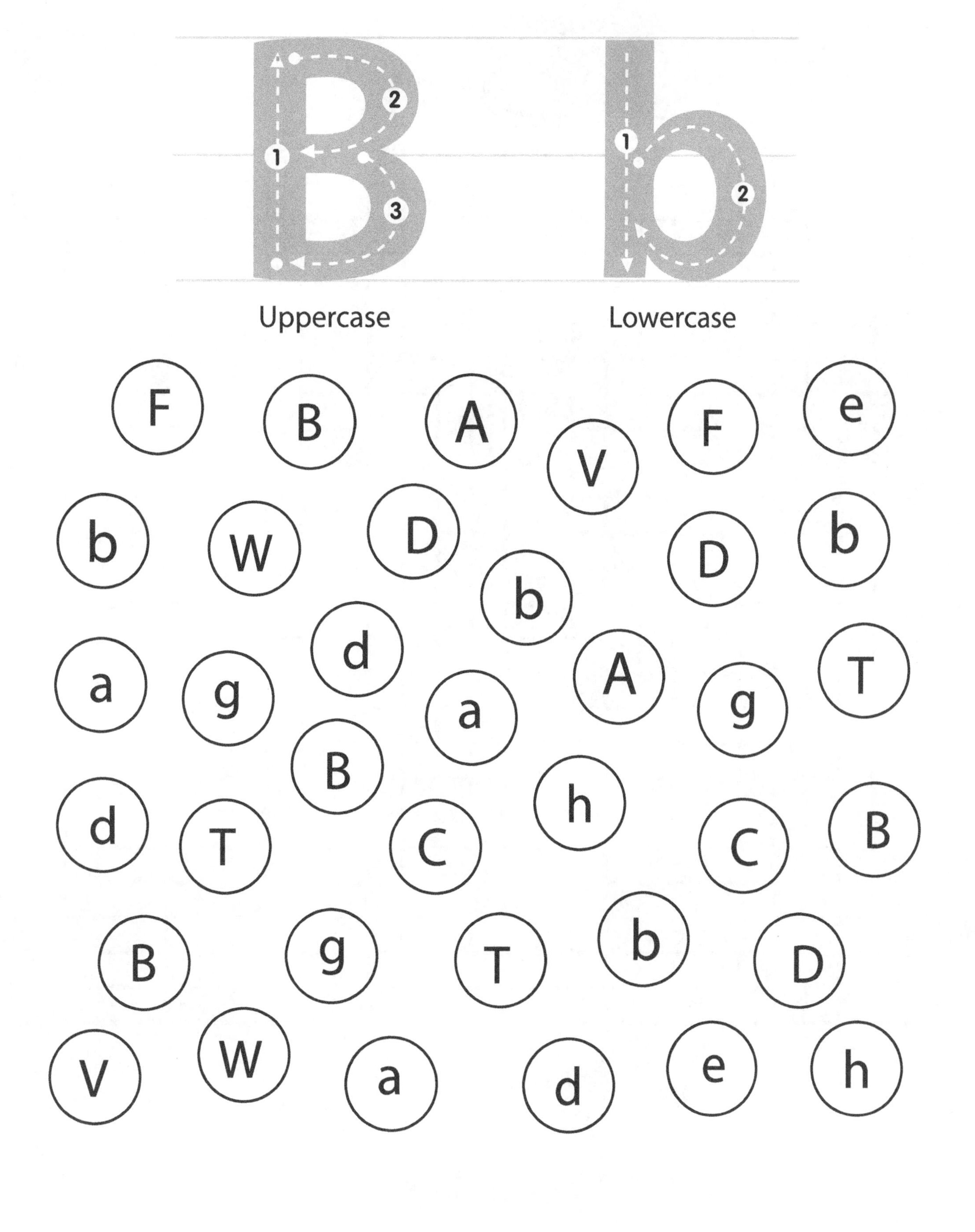
B b
Uppercase
Lowercase
F B A V F e
b W D b D b
a g d a B A g T
d T C h C B
B g T b D
V W a d e h

Bird

L A R J B A G Y B Z J V P M G
B X D B A R N B L Z E E M W Q
V F B G T U B I K E Y P U H I
J Y I K C B T T V Q I B I G W
Z S Z B A N A N A O E H J H V
H X Z M A X Q O H I B A L L G
V B B E E T L E I B F K D P B
Z Q E F J S T H M I K H B B Q
S J A G B F P Q L R S J G E D
F T R B I A O P G D B C E N O
O B H E A Y A N N O M V L D W
S D C D L E C B A L G J Z L E
X P Y Y F C L L P Z R J P P N
Z S M Y V L M P X D B P N U Z
U T Q J H D D J L V I D I S O

WORDS TO FIND

BAG	BAT	BEND
BALL	BEAR	BIG
BANANA	BED	BIKE
BARN	BEETLE	BIRD

MAZE SOLUTION

Bird

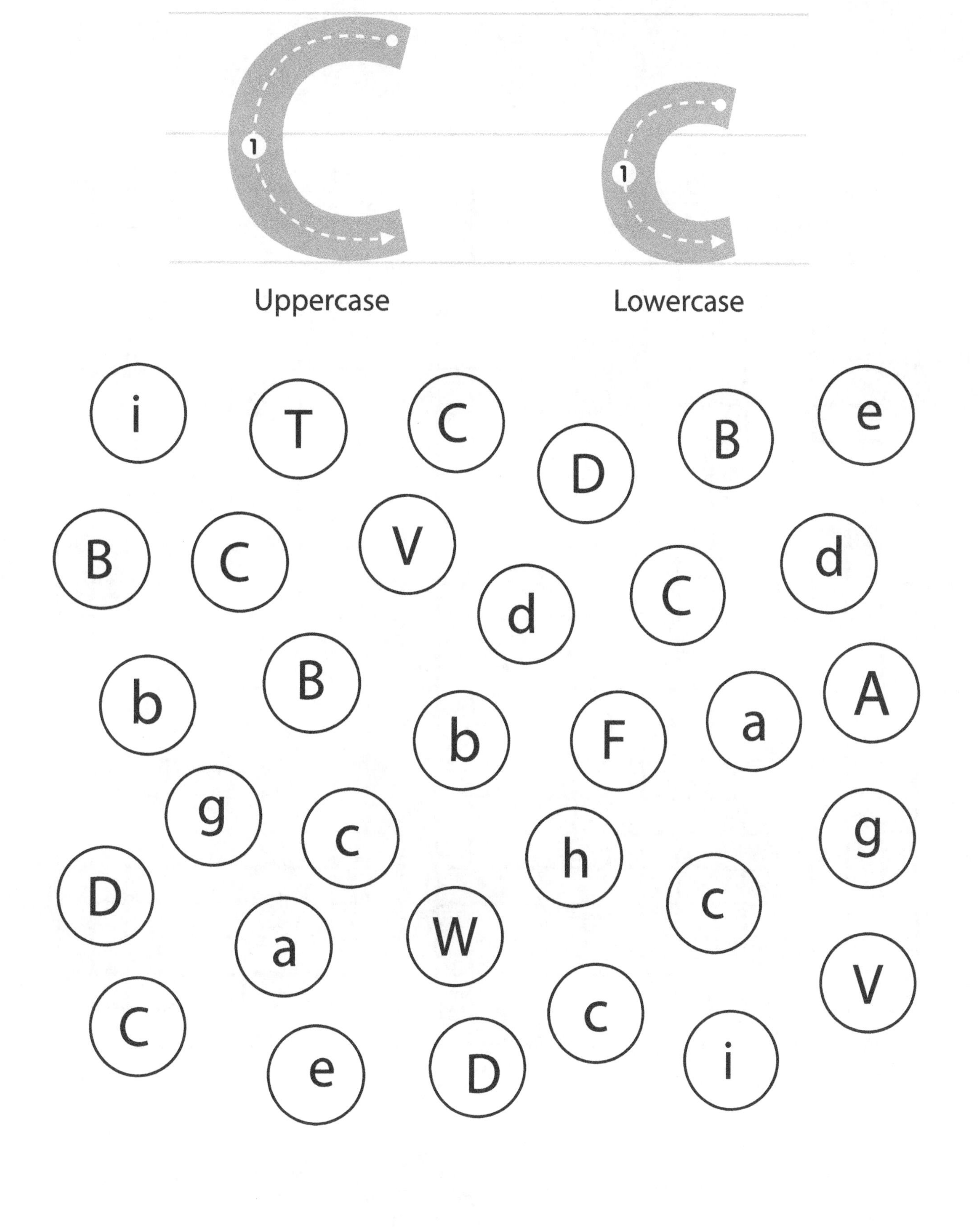

1
1
Uppercase
Lowercase
i T C D B e
B C V d C d
b B b F a A
g c h g
D a W c
C e D c i V

is for

C Word Find

H	D	Q	P	P	C	X	E	S	E	F	R	M	R	C
O	V	M	M	C	W	I	F	I	W	N	B	Q	S	R
H	R	U	N	L	V	D	I	L	K	C	A	T	C	G
H	J	L	A	C	O	R	N	M	F	U	C	Z	A	T
V	S	C	L	A	M	X	Q	M	W	O	A	S	N	L
A	C	A	T	E	R	P	I	L	L	A	R	O	F	H
S	Q	R	D	C	H	D	H	Y	D	C	O	O	K	G
U	I	R	K	Y	Z	M	T	U	C	A	Z	I	K	L
S	C	O	A	T	T	V	I	J	E	M	Q	R	Y	X
X	F	T	C	B	P	W	H	C	E	Z	C	O	W	L
T	S	V	C	L	O	W	N	R	X	N	S	F	S	J
I	W	B	M	O	A	M	K	A	Z	O	H	W	Z	E
W	V	K	L	A	A	O	N	B	C	S	Y	B	X	D
W	O	K	Y	V	M	R	U	K	Q	Y	E	J	F	Q
V	U	X	E	M	U	O	S	X	T	T	R	L	E	B

WORDS TO FIND

CAN	CATERPILLAR	COOK
CAR	CLAM	CORN
CARROT	CLOWN	COW
CAT	COAT	CRAB

MAZE SOLUTION

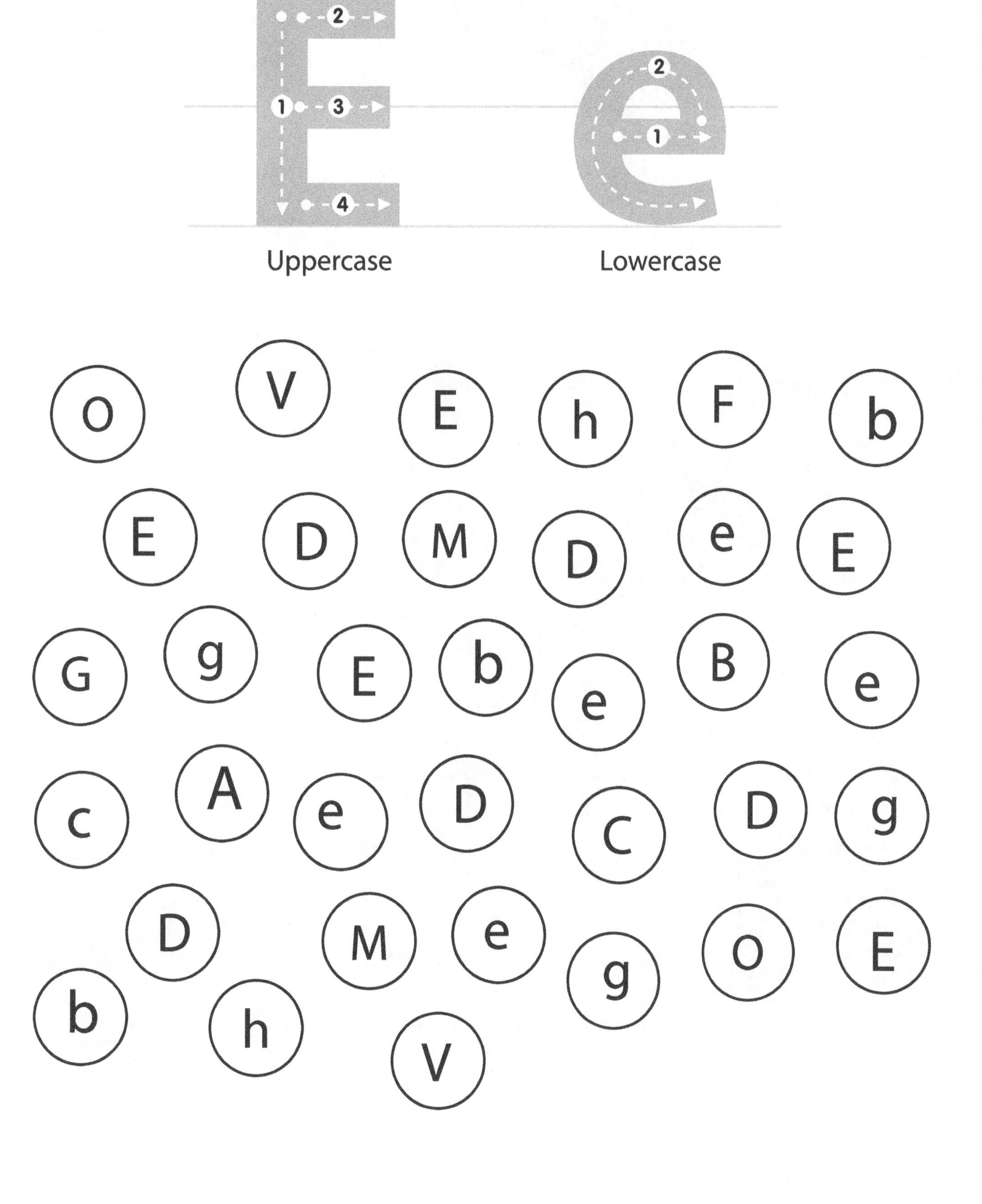
E
2
1
3
4
e
2
1
Uppercase
Lowercase
O V E h F b
E D M D e E
G g E b e B e
c A e D C D g
D M e g O E
b h V

Elephant

Word Find

A E W X C T V C Y Z G E A Z J
Z L Y Q U F V I E D M N F N B
J E L K K D K T A R M T E I C
X P N T A B R U T R X E L I D
S H R R M Y K I A A P R B P D
W A H H K C Z Y E N L V O L I
A N H L O Z R I A K A Y W J T
M T H F H C U U R N E B A V V
F O T S J E Y E T E G G K I X
V B P L R S Z L H P G C H E T
W V O M P Q D E E L P P H A R
Z X O S P W B V V M L M X G M
H C G Z C H B E F T A K N L V
B Z E M P T Y N E H N K G E Y
I C I P Z R A B Y K T K W W B

WORDS TO FIND

EGG	ENTER	EYE
ELEPHANT	ELK	EAGLE
ELEVEN	EGGPLANT	EAT
EMPTY	EARTH	ELBOW

MAZE SOLUTION

Elephant

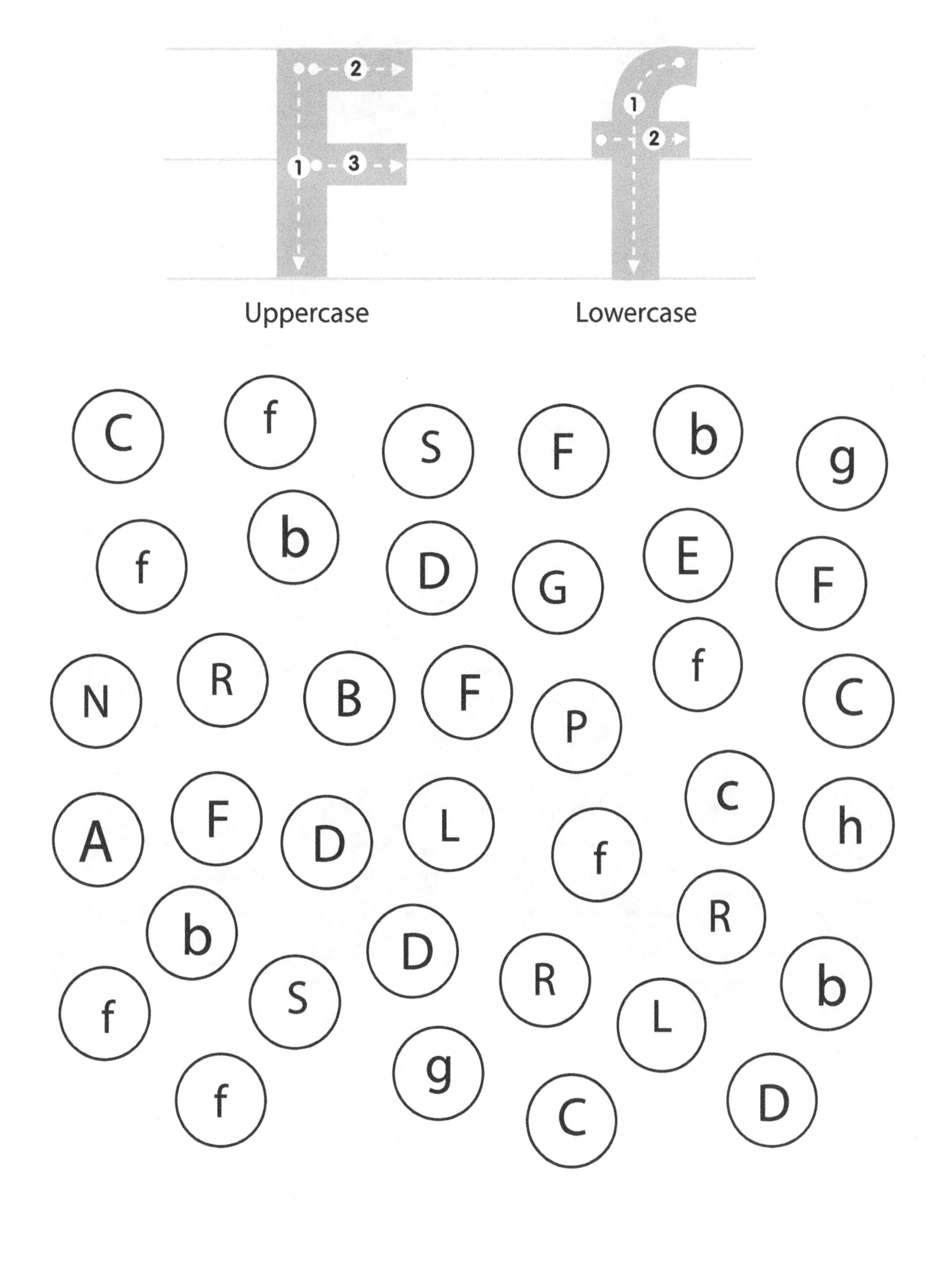
2
1
3
1
2
Uppercase
Lowercase
C f S F b g
f b D G E F
N R B F P f C
A F D L f c h
b D R R L b
f S g C D
f

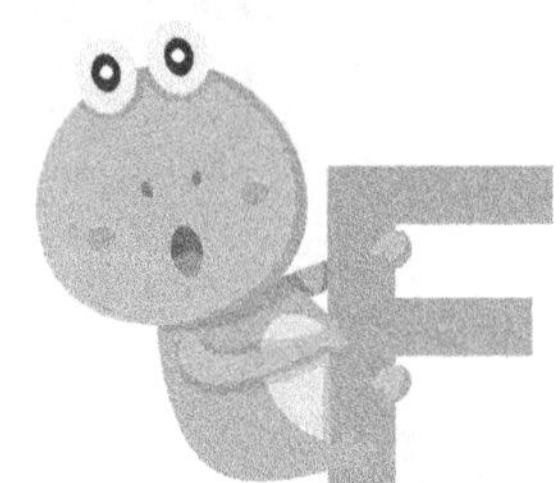

is for

Word Find

W N F I V E M D A S E I T R N
V U L Z R T O I N T E H P V D
Q F O G H F L A M I N G O R L
G N W Q Z B S Y M U H V U K G
M B E J G L F A A K G I H O O
Q D R N E H O A U R G C R Y M
H A W T X R U L A A F E B I Y
S D F D F I R S T M G Z F X U
Y Z S A L F I S H M F R O G F
H G B G T R F J M F G Z Y N V
F V T M R E R J P L M J S D E
A U B G K E I R I Y P R K S D
N I P M R D E V V P T H X X Y
Y B P X U O N N P L S R Q N V
R J K J O M D Z N D R W P K D

WORDS TO FIND

FISH	FLY	FIRST
FIVE	FOUR	FAN
FLAMINGO	FREEDOM	FOG
FLOWER	FROG	FRIEND

MAZE SOLUTION

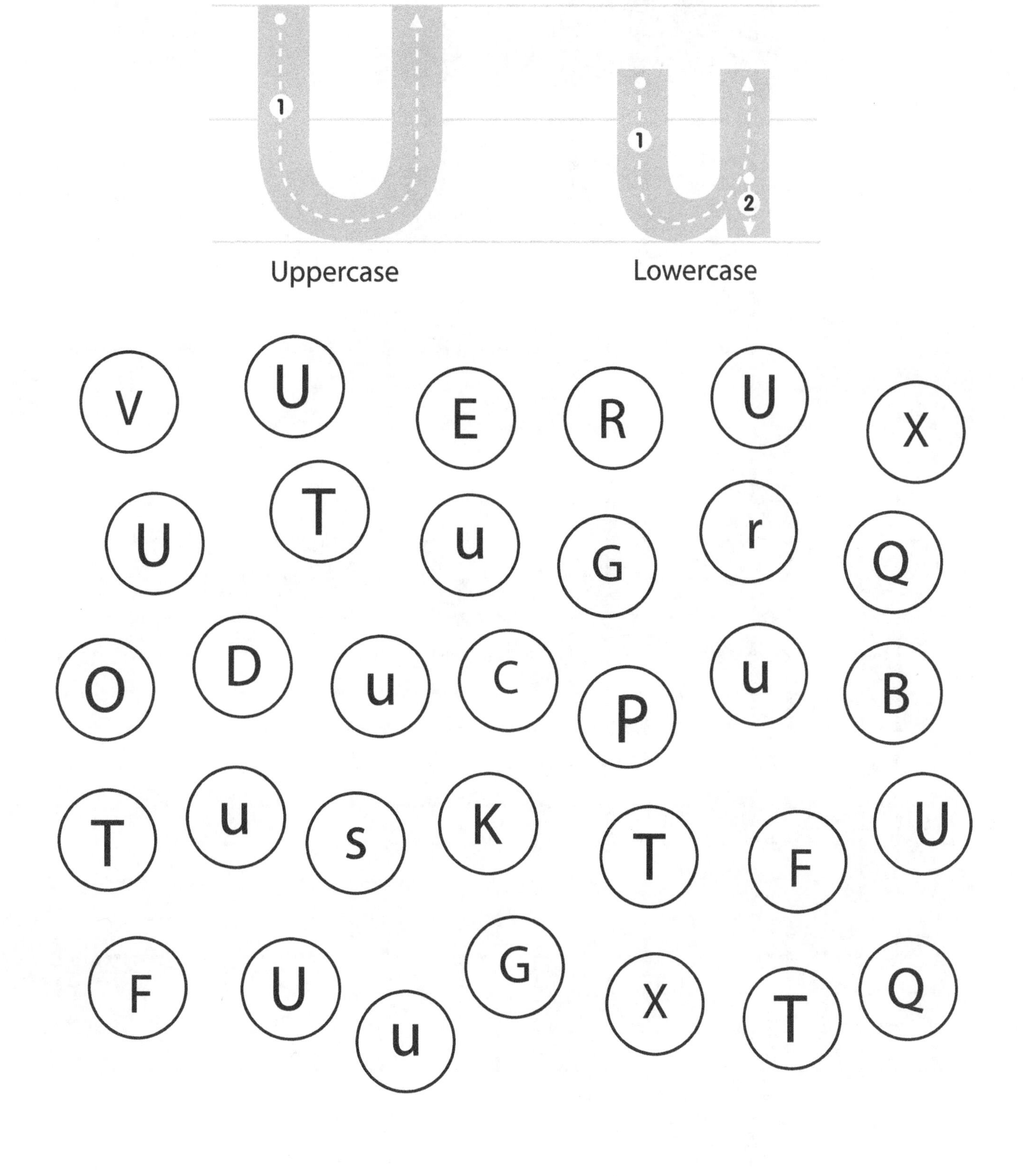

Uppercase
Lowercase
V U E R U X
U T u G r Q
O D u C P u B
T u s K T F U
F U u G X T Q

Unicorn

U Word Find

T	N	V	F	J	S	S	D	T	E	L	J	D	B	J
F	C	F	H	M	R	U	N	D	E	R	L	I	N	E
D	V	V	X	T	V	P	M	A	N	U	P	P	E	R
U	T	E	N	S	I	L	S	T	P	F	I	L	Z	X
N	Y	L	J	Z	Y	H	U	N	K	N	O	W	N	J
H	U	S	J	M	G	Q	A	F	E	X	R	F	T	X
A	N	P	T	R	G	Z	S	U	X	V	S	F	H	N
P	I	F	N	B	T	U	U	N	D	E	R	P	D	R
P	F	X	B	U	Q	N	I	D	A	U	U	M	Q	R
Y	O	S	B	N	Q	I	W	E	M	C	N	Q	K	F
Y	R	G	G	I	R	C	M	R	M	Z	C	N	D	K
Z	M	Y	I	C	T	Y	O	W	K	T	L	C	B	E
S	X	Q	P	O	C	C	U	E	H	X	E	Z	E	T
U	U	M	B	R	E	L	L	A	E	G	T	Z	O	R
G	D	W	A	N	M	E	K	R	P	E	U	N	T	V

WORDS TO FIND

UMBRELLA	UNICORN	UNIFORM
UNCLE	UNKNOWN	UTENSILS
UNDER	UPPER	UNDERWEAR
UNDERLINE	UNICYCLE	UNHAPPY

MAZE SOLUTION

HELP THE NARWHAL FIND THEIR FRIENDS

NARWHAL WORD FIND

Q	H	J	E	L	L	Y	F	I	S	H	B	Z	H	K
W	I	L	Y	F	O	S	U	U	I	S	J	T	E	P
A	N	A	R	W	H	A	L	C	Q	P	W	B	N	Y
C	S	H	J	G	K	Z	R	M	W	X	Q	X	D	F
S	L	M	O	C	E	A	N	J	P	J	O	V	A	W
H	U	H	V	D	K	R	J	B	E	L	D	D	N	G
A	I	L	F	Q	P	S	H	R	I	M	P	K	G	W
R	K	I	Z	K	U	N	I	C	O	R	N	C	E	Q
K	U	S	A	R	C	T	I	C	E	E	N	T	R	R
I	Z	M	V	O	C	G	Q	X	Q	I	N	H	E	L
P	D	P	C	B	N	H	Z	M	Q	R	N	C	D	L
I	L	M	H	I	F	Z	E	P	E	S	Q	U	I	D
V	N	Y	Q	O	I	W	H	A	L	E	S	G	B	D
Z	O	I	J	D	S	J	V	X	K	F	W	H	X	M
O	U	M	B	Q	H	U	S	O	Q	H	O	R	N	M

WORDS TO FIND

NARWHAL	ENDANGERED	ARCTIC
UNICORN	FISH	SQUID
JELLYFISH	OCEAN	SHRIMP
HORN	WHALES	SHARK

I SPY: NARWHAL

HOW MANY...

(narwhal) ____________ (octopus) ____________ (shrimp) ____________

(crab) ____________ (jellyfish) ____________ (hermit crab) ____________

MAZE SOLUTION

Help the unicorn find
the rainbow

I SPY: Unicorn

How Many...

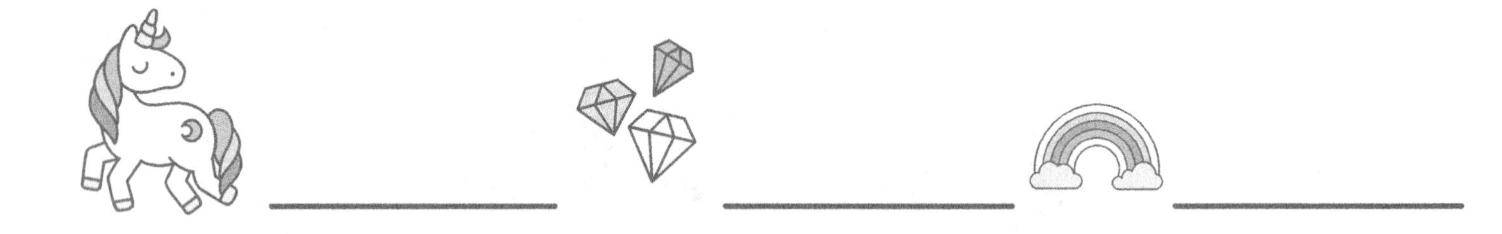

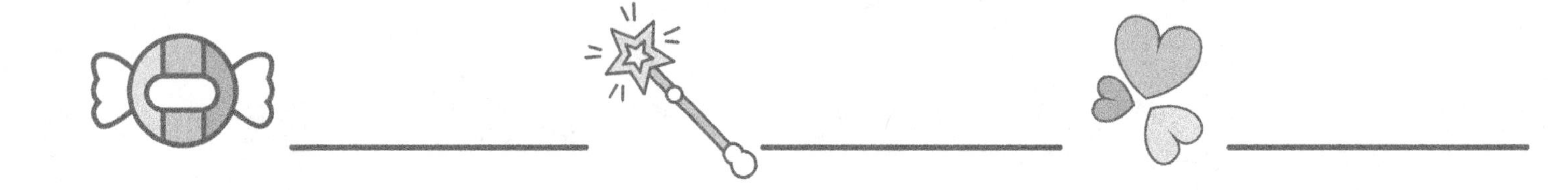

Unicorn Word Find

Q W S C W M S W E E T R Y Z W Z
B Y W M A G I C L K X S M A B I
W U V I C O L O R F U L S A G A
F M E Y G C C W V E G Q B R Z R
Z R X L L X C U P C A K E G R A
Z C F A I R Y D U S T G L Z I S
Q Q Z S T G V E Z P A N I H L S
H E A R T Z U K U Y U D E T Y P
Y B P H E Y N F U M I W V I F A
S G X O R H I Y J L Y K E W Y R
T G K R Y D C I J I G Q E T A K
A D I N N V O T C R H A P P Y L
R B U J T D R E A M S L O V E E
Y C Z R A I N B O W W I N G S G
K C B P I J P P W L X T C Z Q D
T Q B S L M F G Y N E F C V Z D

Words To Find

BELIEVE
COLORFUL
CUPCAKE
DREAMS
FAIRYDUST
GLITTER

HAPPY
HEART
HORN
LOVE
MAGIC
RAINBOW

SPARKLE
STAR
SWEET
TAIL
UNICORN
WINGS

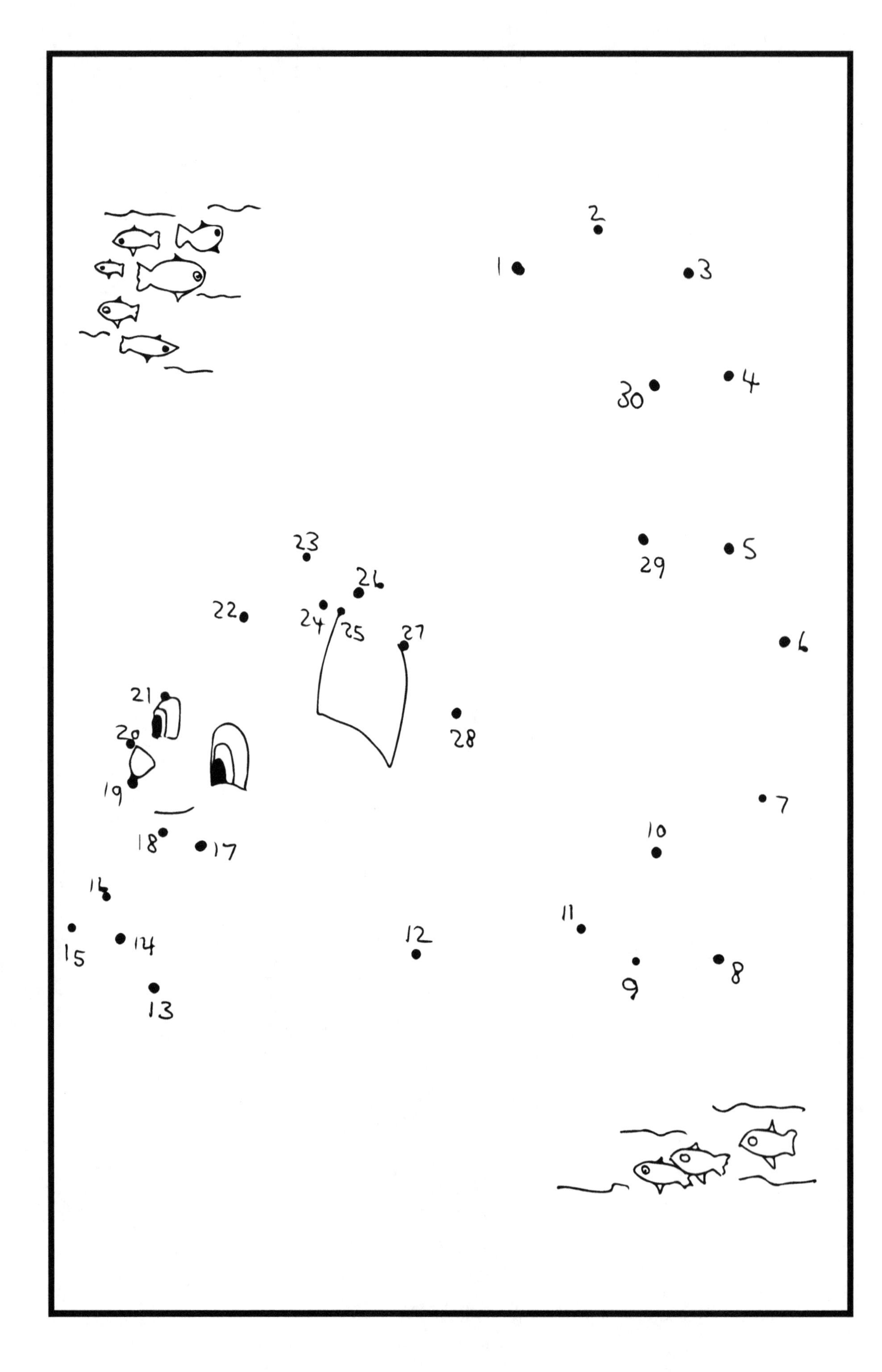

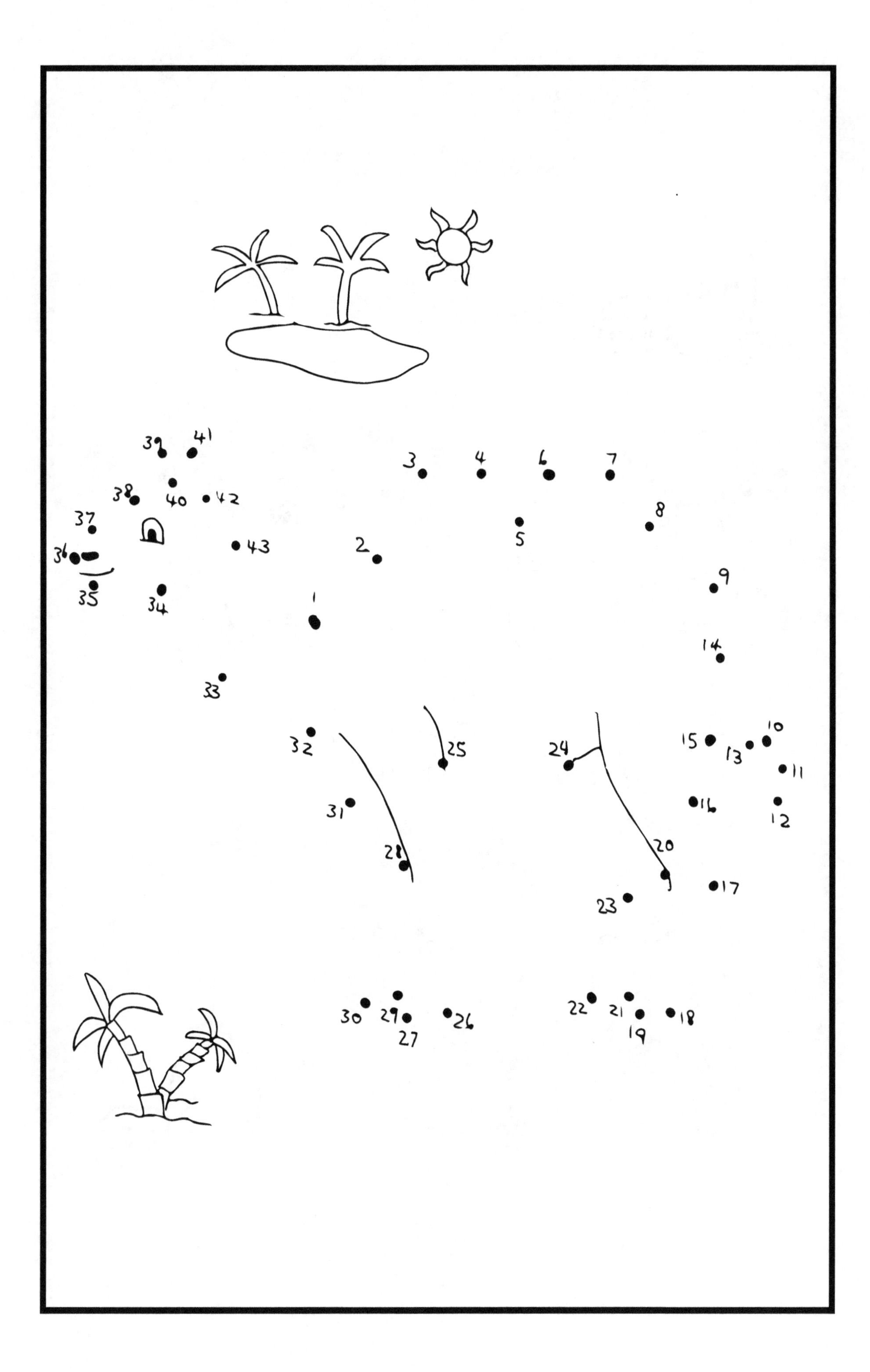
1
2
3
4
5
6
7
8
9
10
11
12
13
14
15
16
17
18
19
20
21
22
23
24
25
26
27
28
29
30
31
32
33
34
35
36
37
38
39
40
41
42
43

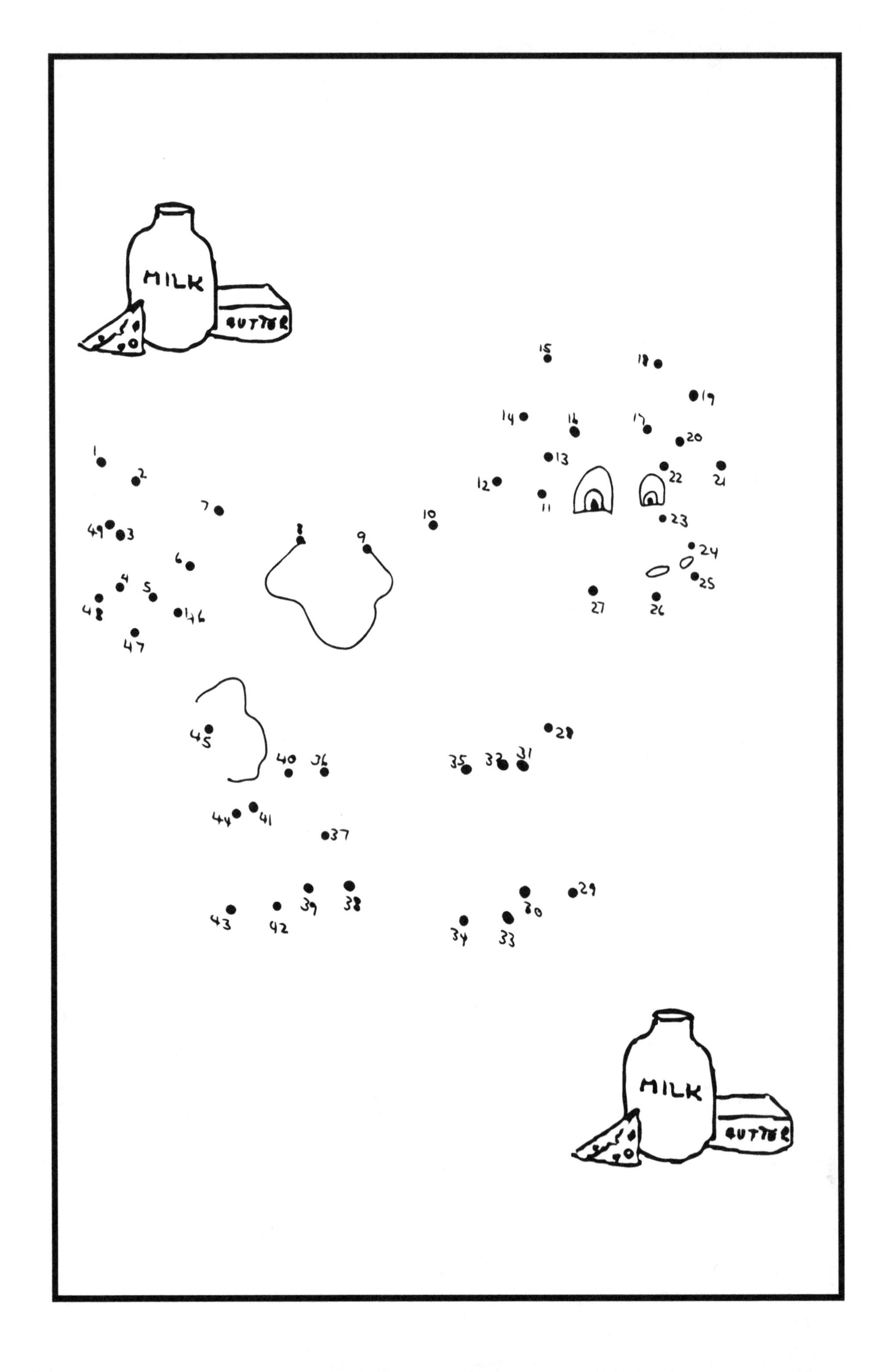
MILK
BUTTER
MILK
BUTTER

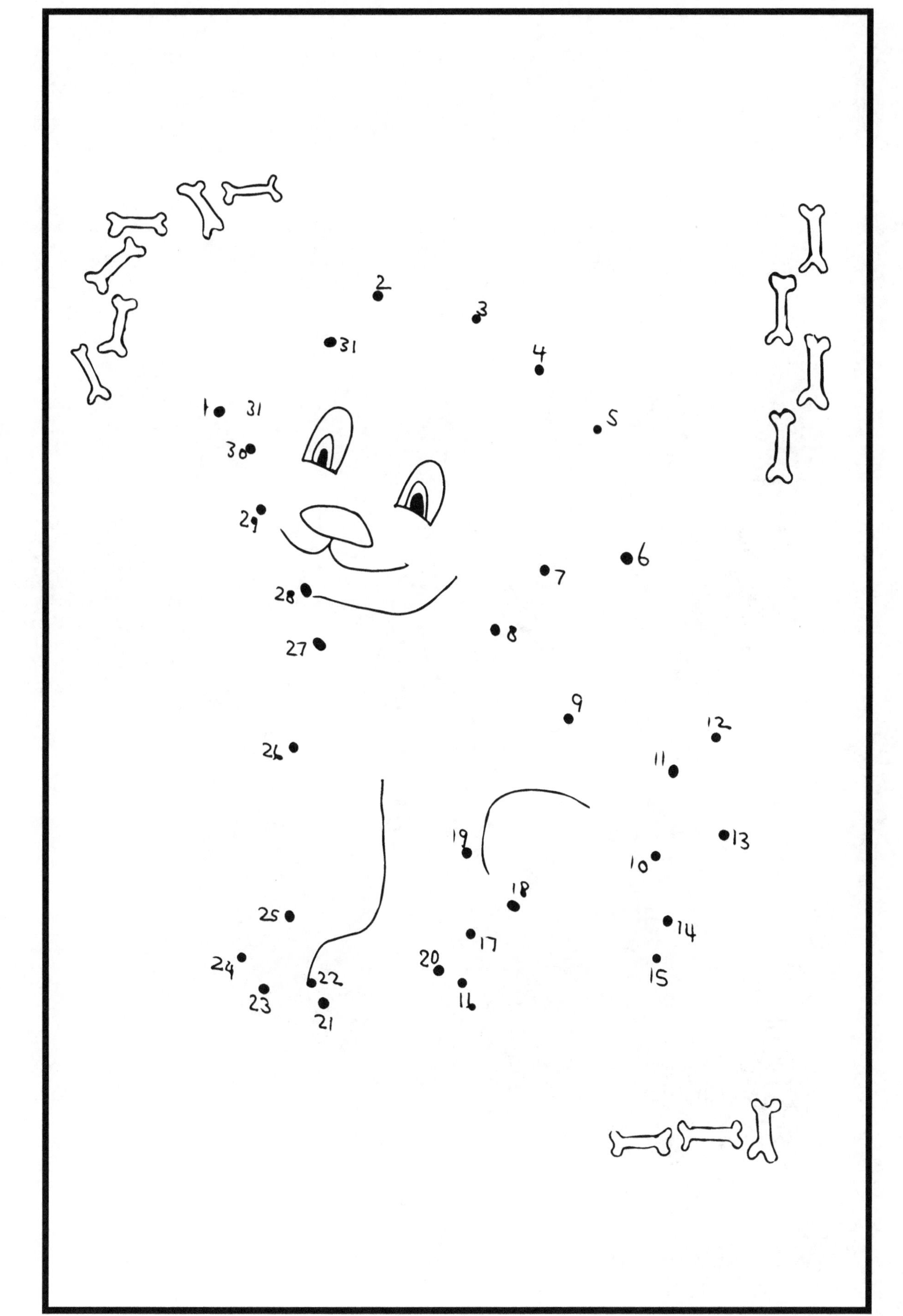

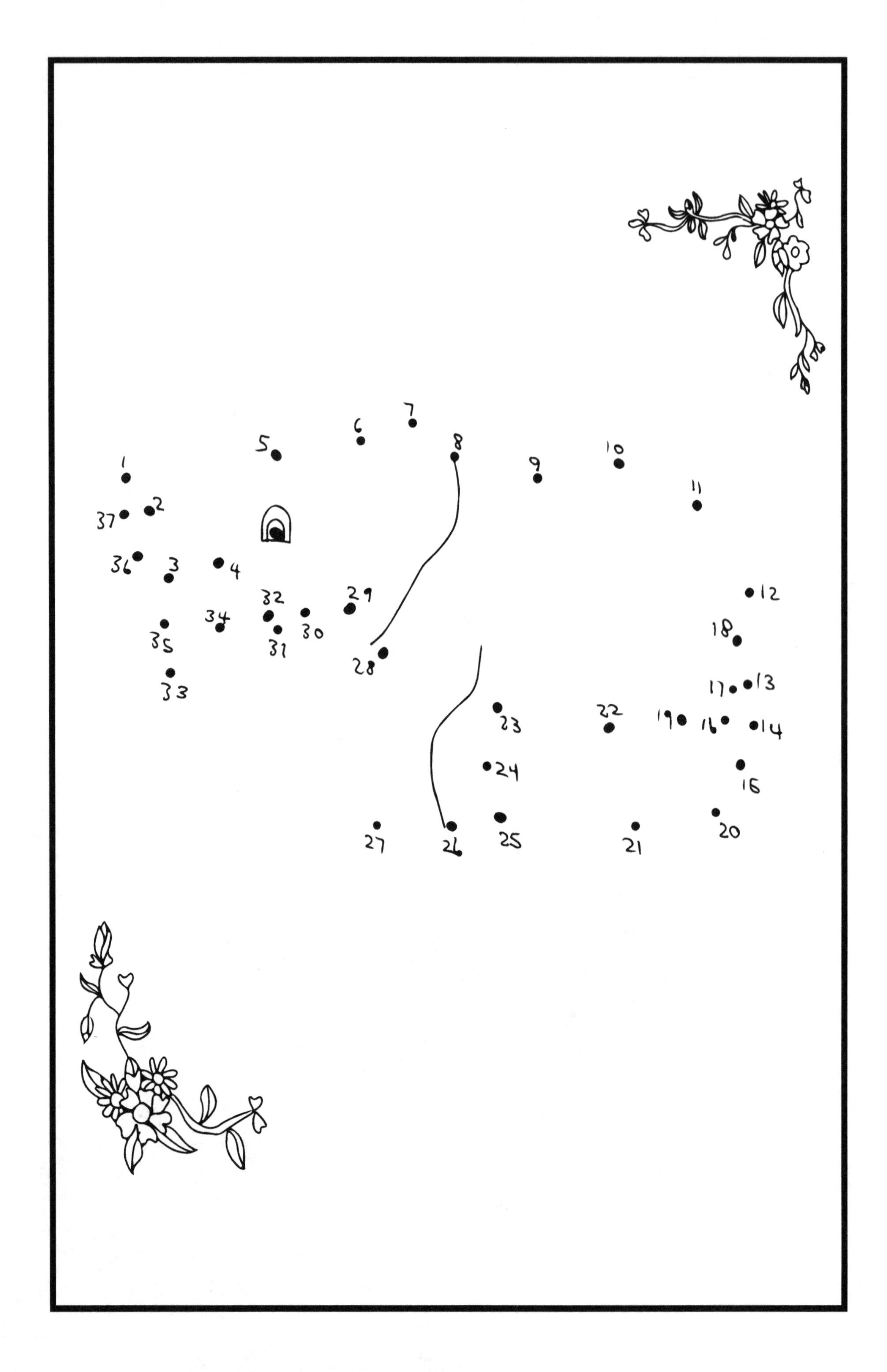

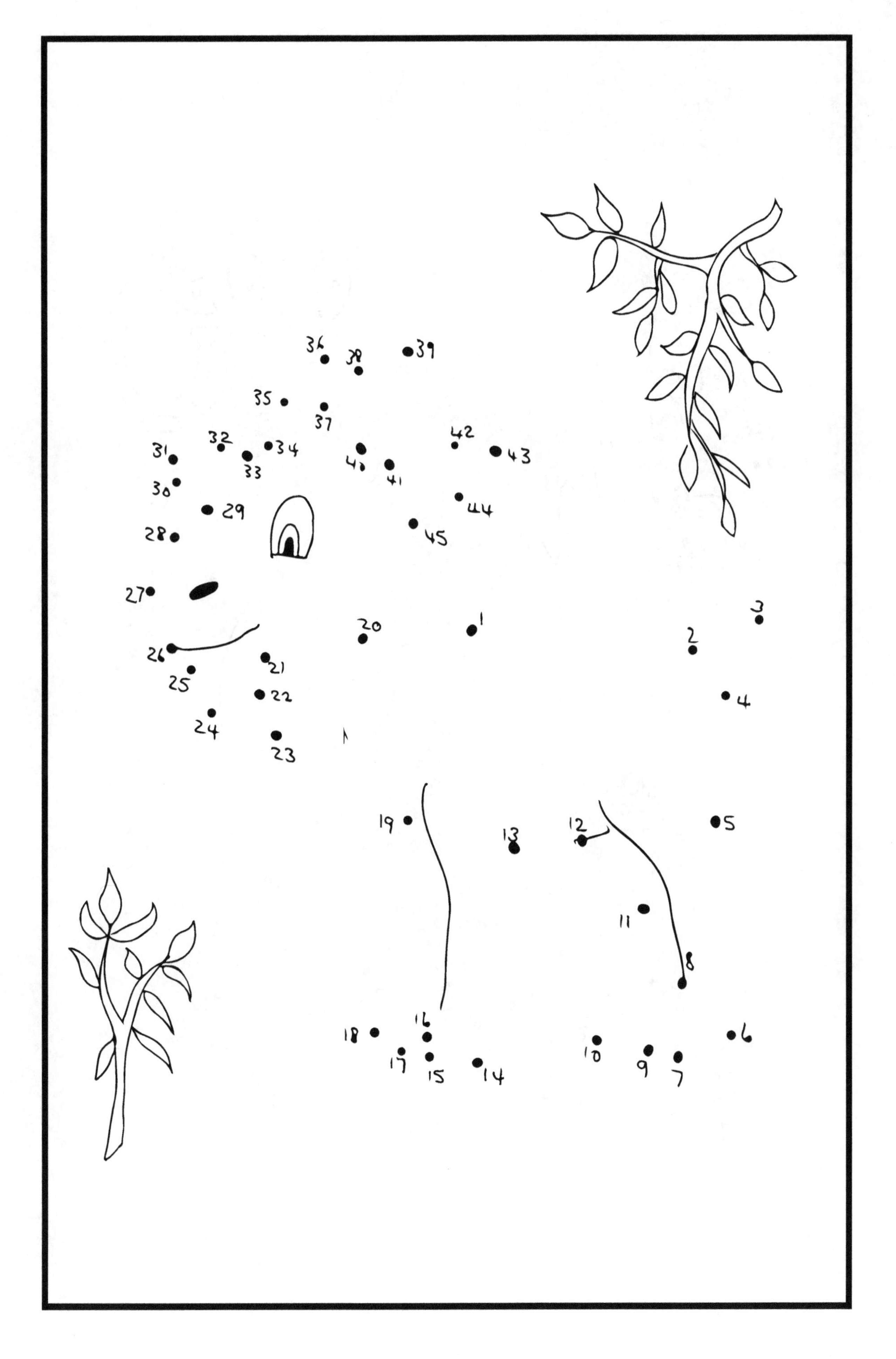
1
2
3
4
5
6
7
8
9
10
11
12
13
14
15
16
17
18
19
20
21
22
23
24
25
26
27
28
29
30
31
32
33
34
35
36
37
38
39
40
41
42
43
44
45

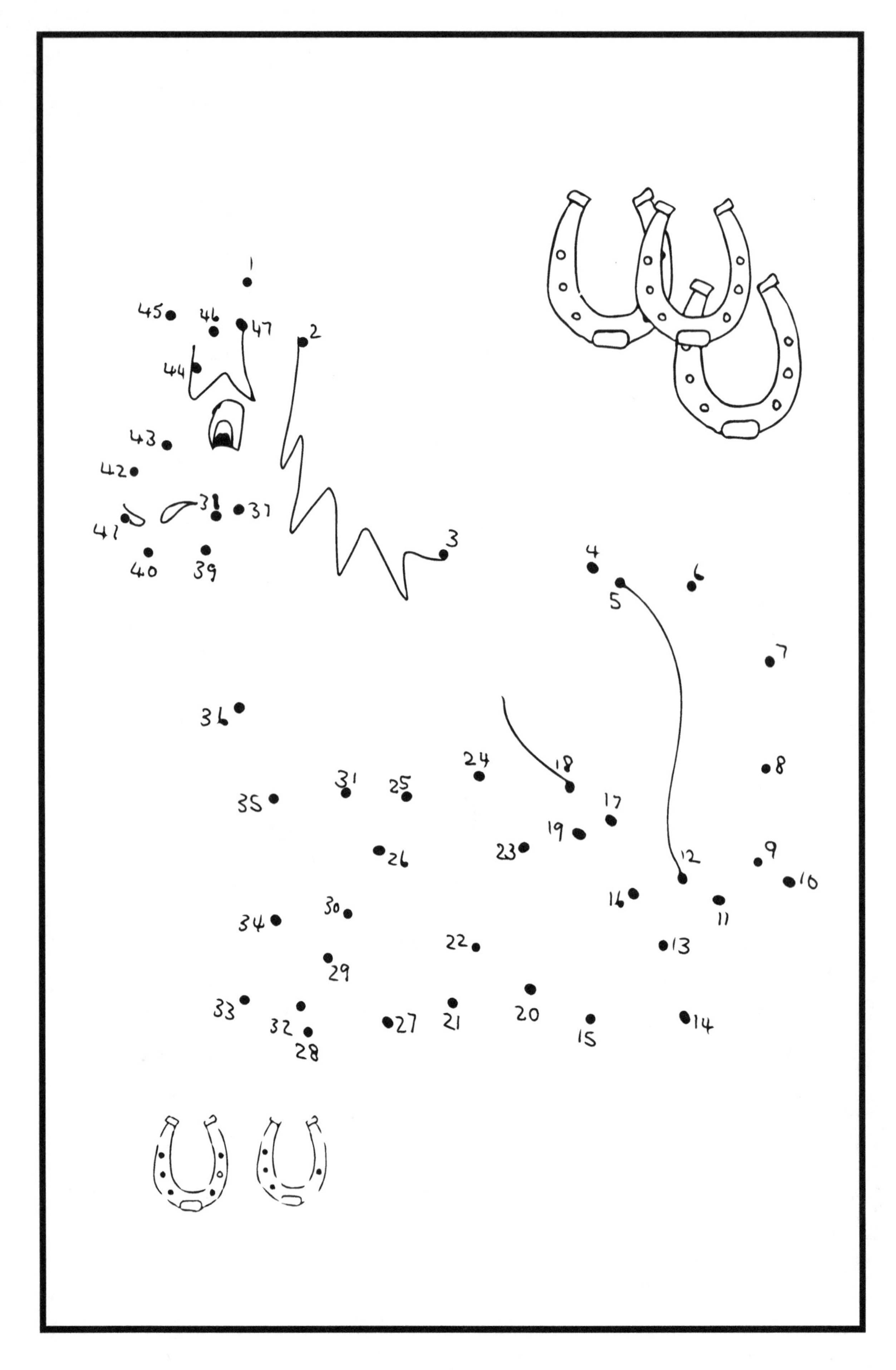

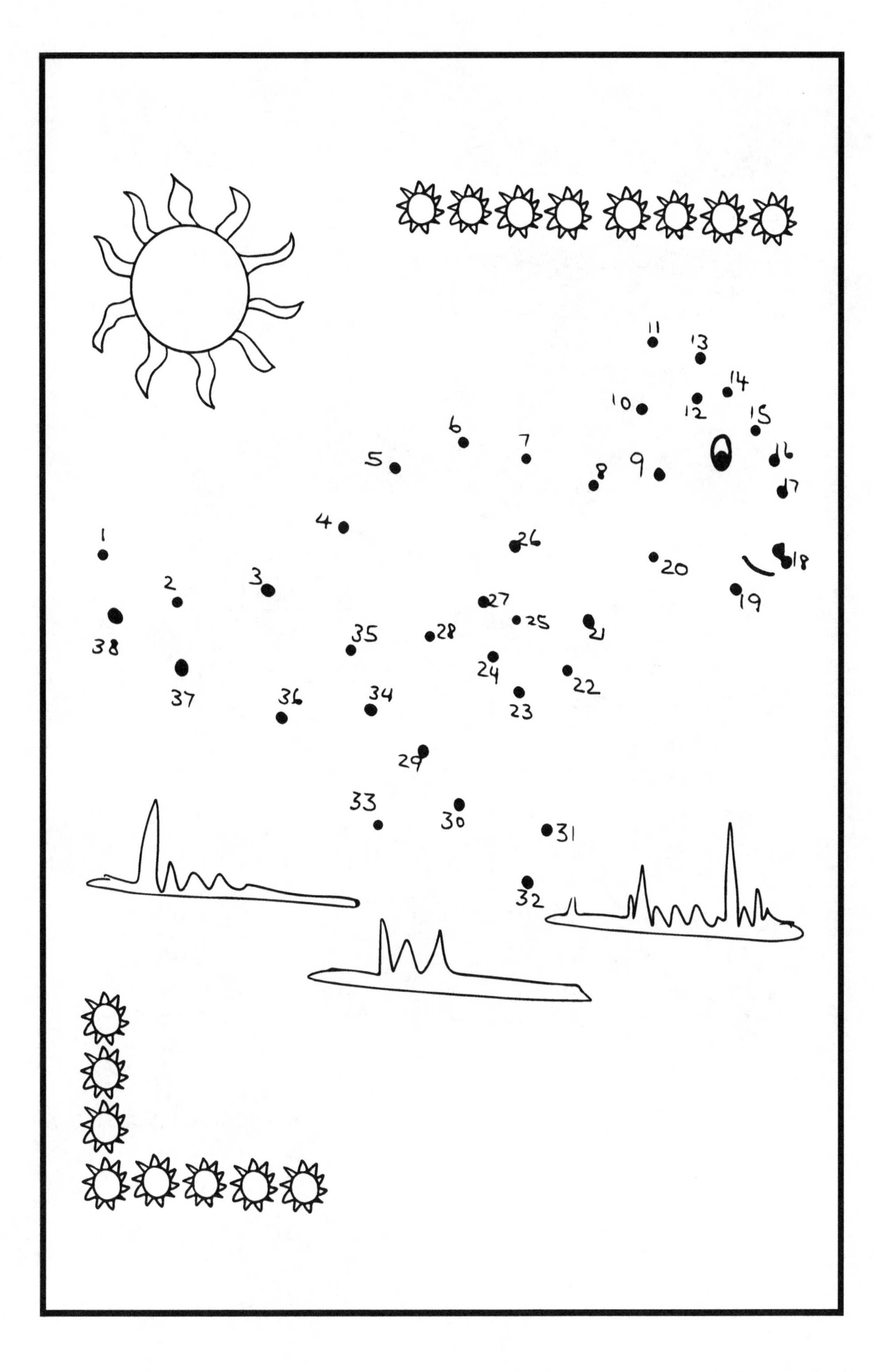
1
2
3
4
5
6
7
8
9
10
11
12
13
14
15
16
17
18
19
20
21
22
23
24
25
26
27
28
29
30
31
32
33
34
35
36
37
38

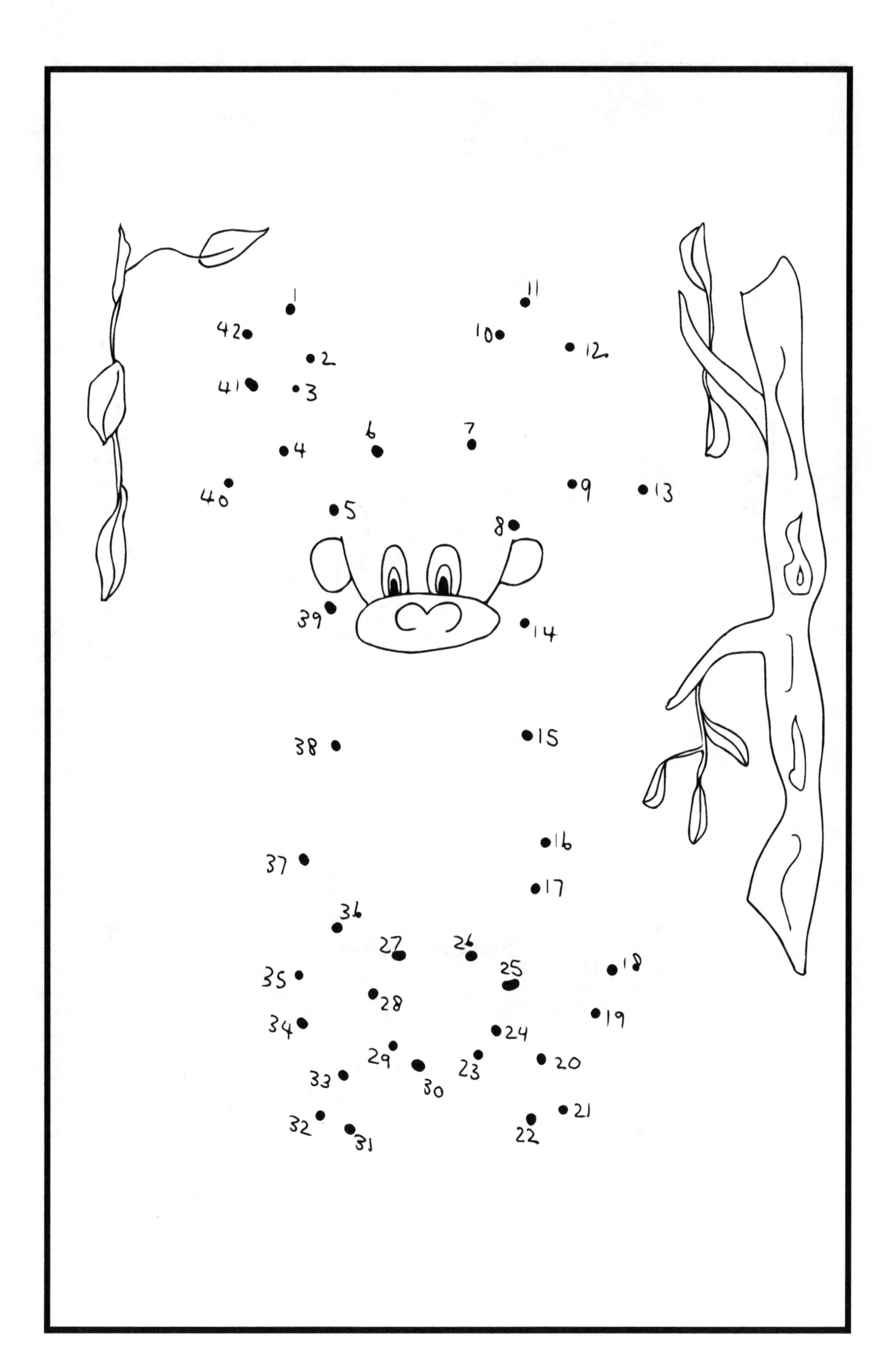
1
2
3
4
5
6
7
8
9
10
11
12
13
14
15
16
17
18
19
20
21
22
23
24
25
26
27
28
29
30
31
32
33
34
35
36
37
38
39
40
41
42

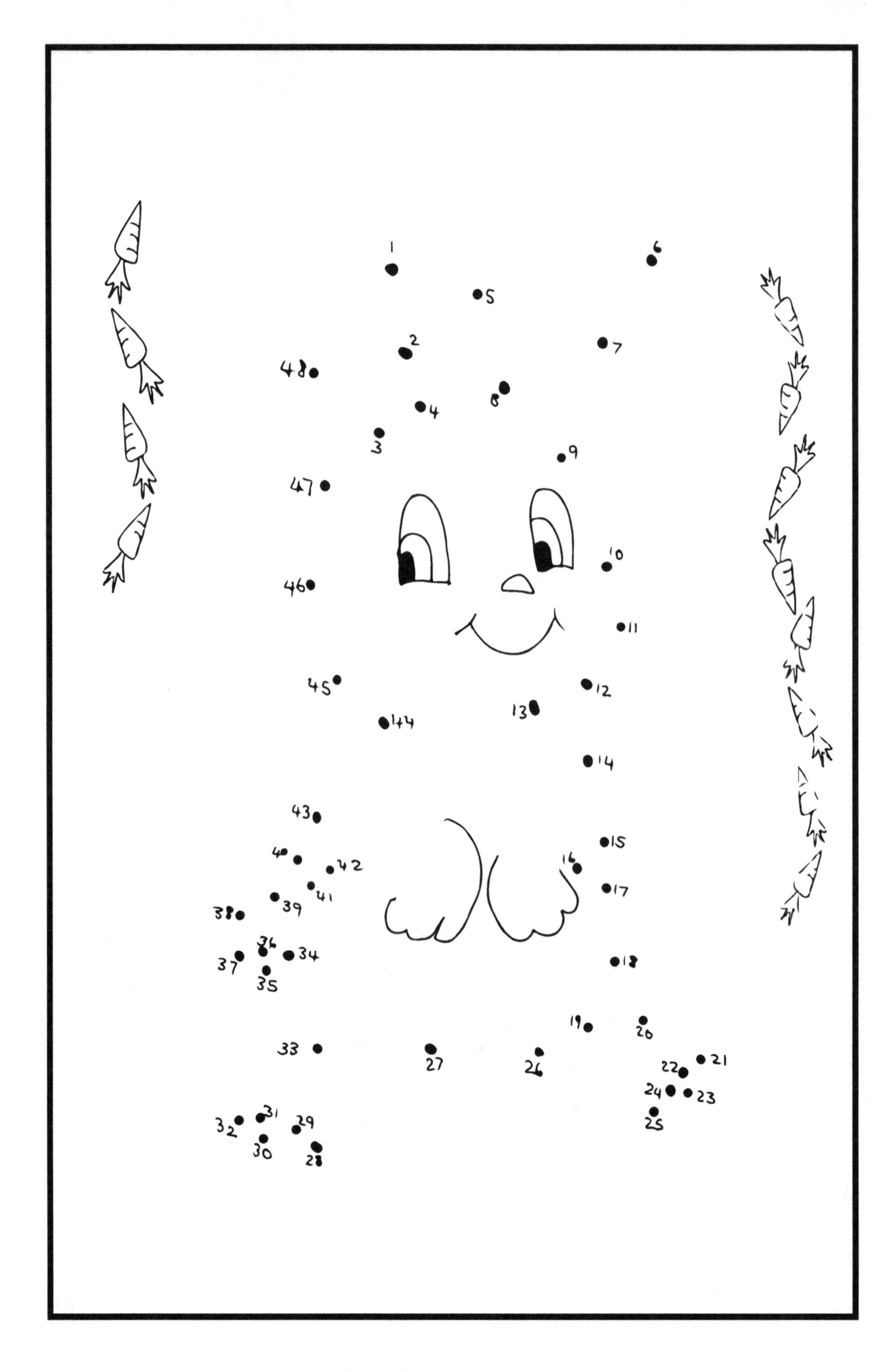

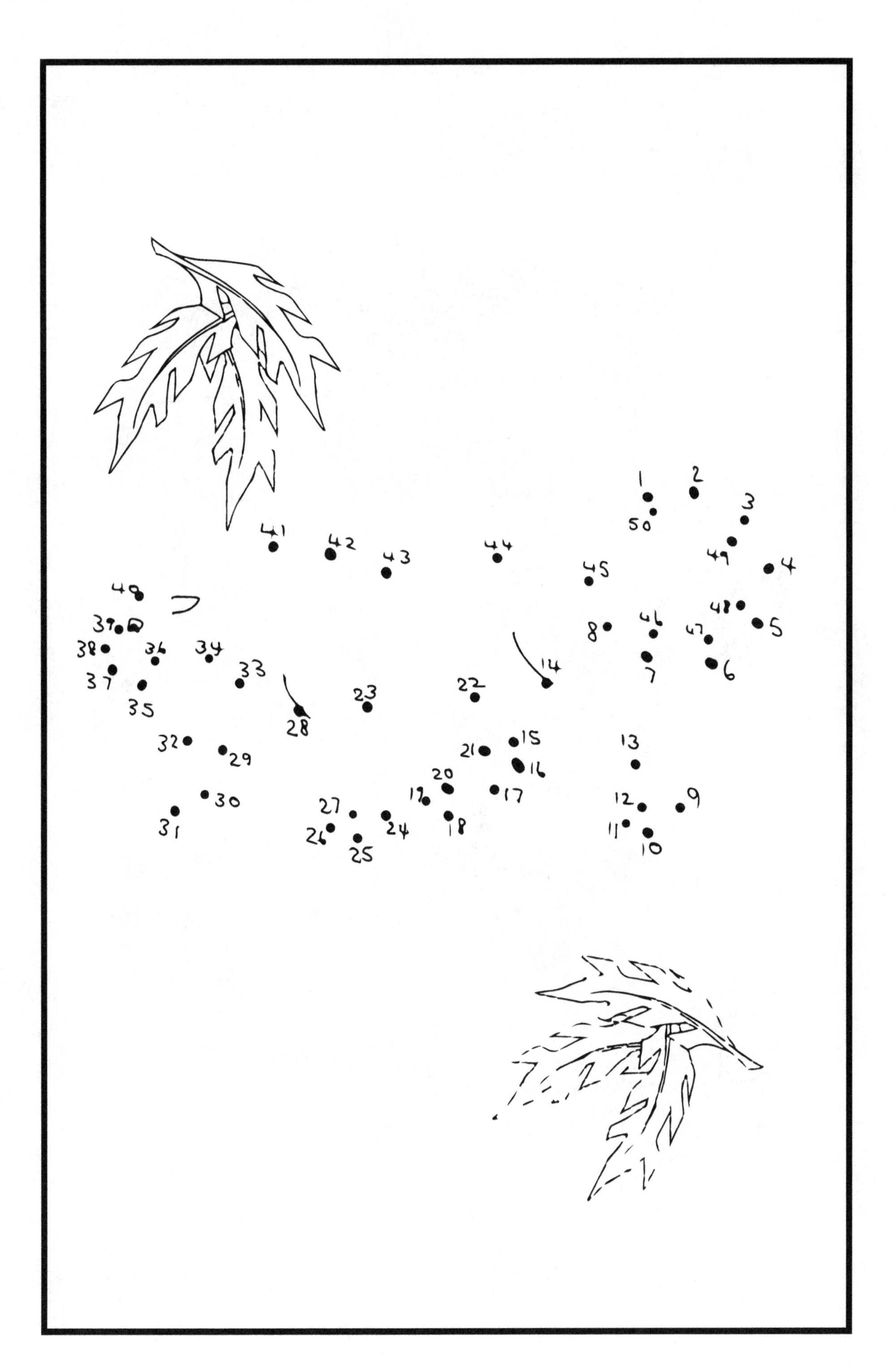

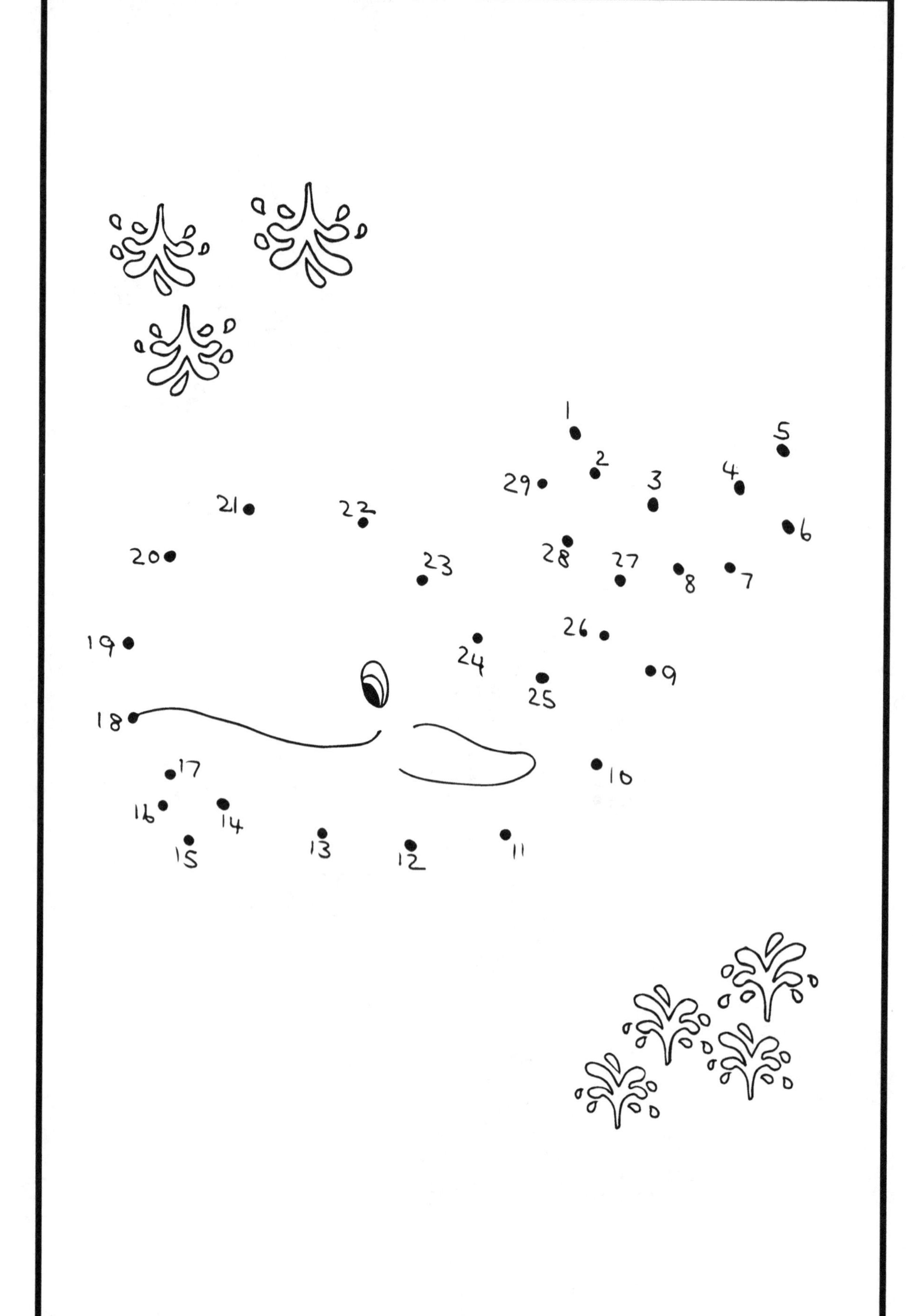
1 2 3 4 5 6 7 8 9 10 11 12 13 14 15 16 17 18 19 20 21 22 23 24 25 26 27 28 29

1
2
3
4
5
6
7
8
9
10
11
12
13
14
15
16
17
18
19
20
21
22
23
24
25
26
27
28
29
30
31
32
33
34
35
36
37
38
39
40
41
42
43
44
45
46
47
48
49
50
51
52